AF370854

HENRI DE LA PERRIÈRE

PRÉSIDENT DE LA SOCIÉTÉ ACADÉMIQUE DE L'AUBE

UN SAVANT CHAMPENOIS

JULES SALLERON

(1829-1897)

TROYES

AU SIÈGE DE LA SOCIÉTE ACADÉMIQUE

21, Rue du Musée

1930

Extrait de l'Annuaire du Département de l'Aube

103ᵉ année

Jules SALLERON

DU MÊME AUTEUR

Le château de Noblens et ses seigneurs jusqu'à la fin du XVIIIe siècle. — Paris, 1904. In-8°.

Le lieutenant-général Vacquette de Gribeauval. — Paris, 1905. In-8°.

Du droit de succession à la couronne de France dans la dynastie capétienne. — Paris, 1908. In-8°.

Le Roi légitime. — Paris, 1910. In-8°.

Des tenants, supports et soutiens dans l'art héraldique (en collaboration avec le baron DU ROURE DE PAULIN). — Rome, Paris, 1910. In-8°.

Une vieille famille malouine : les Magon. — Paris, 1911. In-8°.

Le lieutenant-général de Gribeauval et sa famille (2ᵉ édition). — Paris, 1912. In-8°.

Mérat de Saint-Léon. — Paris, 1913. In-8°.

Les Varenne et leurs marques de bibliothèque. — Paris, 1914. In-8°.

Les Ex-Libris de la famille de La Perrière. — Paris, 1923. In-8°.

Les prisonniers de Plancy (Anecdote du temps de la Ligue). — Troyes, 1924. In-8°.

La famille Riglet et la seigneurie de Montgueux. — Troyes, 1925. In-8°.

Les familles de Noblens. Généalogies et Parentés. — Troyes, 1925. In-8°.

Pierre Boilletot, capitaine de la deuxième Compagnie de Croncels. — Troyes, 1926. In-8°.

Un savant champenois : Jamerey Du Val, bienfaiteur de son village et de sa famille. — Troyes, 1926. In-8°.

Nicolas de Hault, Maire de Troyes, 1588-1592, ses origines, sa parenté, sa descendance. — Troyes, 1927. In-8°.

Beurey, ses seigneurs et leurs demeures. — Bar-le-Duc, 1928. In-8°.

Marguenat contre Marguenat. — Troyes, 1928. In-8°.

La Dame de Payns (Anecdote du temps de la Ligue). — Troyes, 1929. In-8°.

La famille de Noel de Buchères. — Troyes, 1929. In-8°.

Les Gouault (Étude sur le grand commerce troyen). — Troyes, 1930. In-8°.

Les allocations familiales dans la région troyenne. — Troyes, 1930. In-8°

HENRI DE LA PERRIÈRE

PRÉSIDENT DE LA SOCIÉTÉ ACADÉMIQUE DE L'AUBE

UN SAVANT CHAMPENOIS

JULES SALLERON

(1829-1897)

TROYES

AU SIÈGE DE LA SOCIÉTÉ ACADÉMIQUE

21, Rue du Musée

1930

JULES SALLERON

1829-1897

UN SAVANT CHAMPENOIS

Jules SALLERON (1829-1897)

Voici un peu plus d'un siècle, le 18 mai 1829, naissait à
Troyes Jules-Bernard Salleron, troisième enfant d'un
ménage dont le mariage avait été célébré dans notre ville
le 28 mai 1816. A cette dernière date, Alexandre Salleron, « commis-négociant », né à Loisy-sur-Marne, le
26 octobre 1790, du mariage de Jean-Baptiste Salleron,
propriétaire à Pringy, et de Catherine Salleron, épousait
Flore-Rosalie Myon, née elle-même à Troyes, le 29 mai
1796, du mariage de Jacques-Philippe Myon, marchand
de chanvre, et d'Anne Coquet. Sauf le dernier, Jacques
Périnet, propriétaire à Loisy, époux de Madeleine Salleron,
sœur du marié du jour, les témoins étaient tous des négo-
ciants troyens, Jacques-Nicolas Coquet-Portalès, Pierre-
Louis Gillier, Memmie-Adrien Lucot.

La famille dont sortait Alexandre Salleron était solide-
ment enracinée à Loisy depuis plus de deux cents ans (1)
et avait fait tache d'huile dans tous les autres villages de
la proche banlieue de Vitry-le-François. Dans ses géné-
rations opulentes, où une douzaine d'enfants étaient le
lot normal d'un ménage, les plus paisibles s'étaient enri-
chis sur place, ceux dont l'esprit était plus aventureux
avaient cherché fortune à la ville. C'est ainsi que les
Salleron avaient fait branche à Paris, à Amiens, à Châlons-
sur-Marne, et poussèrent à Troyes un rameau qui donna
naissance au personnage qui nous occupe.

Malgré que celui-ci ait vu le jour aux Faux-Fossés, il
faut bien avouer qu'il ne paraît pas avoir très longtemps
vécu dans sa ville natale. Il y commença ses études au

---

(1) Voir, à la suite, note succincte sur son compte.

Collège, mais son père ayant dû quitter Troyes pour se fixer à Melun, c'est dans cette dernière ville qu'il termina son instruction, au cours de laquelle s'affirmèrent ses goûts pour la mécanique et les sciences d'observation. Ses classes une fois terminées, il entra chez Le Rebours et Secrétan, opticiens de l'Empereur et de la Marine, où il travailla de manière à acquérir une habileté manuelle consommée, tout en complétant ses connaissances scientifiques par l'assistance assidue aux cours de Regnault, au Collège de France.

Ainsi muni d'un solide bagage théorique et pratique, il fonda, en 1855, la maison de construction d'instruments de précision qui devait faire connaître son nom dans le monde entier. D'abord installée 1 rue du Pont-de-Lodi, elle fut transportée ensuite 24 rue Pavée, où les successeurs de Salleron l'exploitent encore. Physiciens, chimistes, mécaniciens, presque tous les savants de son époque, devinrent rapidement ses clients et trouvèrent chez lui, pour la réalisation de leurs appareils, les conseils pratiques les plus dignes d'être écoutés. Il avait, en effet, su s'entourer d'une pléiade de vieux ouvriers mécaniciens, graveurs, souffleurs de verre, dont chacun était en son genre un véritable artiste. Tout ce qui sortait de ses ateliers était donc fini et vérifié avec un soin méticuleux et ses fabrications (1) ne tardèrent pas à acquérir une réputation qui vaudrait, à elle seule, à leur auteur le nom de savant, s'il ne l'avait pas mérité par d'autres travaux.

---

(1) On doit à Salleron : un Pyromètre (mesure des températures élevées) ; un Calcimètre (essai des calcaires) ; un Vino-Colorimètre (mesure de la coloration des vins) ; des appareils pour analyse des gaz et essai des pétroles ; un Compte-Gouttes pharmaceutique ; un Alambic d'essai (alcool dans les vins) ; un Bateau atmosphérique ; un Acétimètre (essai des vinaigres) ; un Gypsomètre (mesure des sulfates dans les vins) ; un Salycimètre ; un Aphromètre (mesure de la pression dans les bouteilles) ; un Ebulliomètre (dosage rapide de l'alcool dans les vins) ; une Machine à essayer les bouchons ; un Elasticimètre (essai des bouteilles) ; un Absorbtiomètre du pouvoir absorbant des vins ; une Stadia militaire (1871), pour mesurer les distances de tir.

En ce qui concerne les instruments construits par lui pour l'Observatoire municipal de la Ville de Paris, voir les *Annuaires* de cet

Pour précieux d'ailleurs que soient ces derniers, ils n'ont pas pris l'allure d'ouvrages didactiques ou de traités théoriques ; Salleron était un praticien et ne l'oublia pas. Dès 1858, il publiait une *Notice sur les instruments de météorologie* destinée à renouveler complètement la manière de présenter ceux-ci au monde savant. « J'ai pensé, écrit-il, « qu'il serait utile de donner un catalogue contenant une « courte description de chaque instrument, de la disposition et du jeu de ses pièces, des détails de sa construction, de la manière de le faire fonctionner, et présentant surtout une énumération impartiale de ses avantages et de ses inconvénients ». Parmi les instruments qu'il décrivait ainsi, figure un baromètre étalon, fournissant les pressions athmosphériques à 1/100° de millimètre près, qui fut adopté vingt années après par l'Observatoire de Montsouris au moment de son organisation, aucun appareil plus perfectionné n'ayant pu, à cette époque, être découvert.

D'autres études suivirent sur les *Instruments appliqués aux analyses* (1861), sur les *Appareils de physique* (1864), etc... La série de ses notices constitue, écrivait en 1899 son premier biographe, L. Mathieu (1), « un ensemble de « documents du plus haut intérêt, elle est introuvable « aujourd'hui et un dernier exemplaire a été payé une « somme considérable il y a quelques années par un cons- « tructeur de Berlin ».

---

observatoire de 1872 à 1875 et la *Météorologie populaire*, par DE VAULABELLE, Secrétaire général de cet Etablissement (1883).

En voici l'énumération succincte : Baromètre Gortin ; Abris de thermomètres maxima et minima sur les pelouses ; Aéroscope (pour constater la direction du vent) ; Actinomètre pour mesurer la quantité de lumière directe diffuse, que le soleil envoie ; Hygromètre Salleron (mesure de l'humidité de l'air) ; Psychromètre (mesure de la tension de la vapeur d'eau) ; Pluviomètres (pluie) ; Evaporomètre (évaporation diurne et nocturne) ; Anémographe Salleron (vitesse du vent) avec enregistreur ; Baromètre enregistreur ; Barographe Salleron ; Thermographe Salleron ; Asmographe Salleron ; Ozonographe Salleron ; Electrographe Salleron ; Magnetographe Salleron, etc...

(1) *Jules Salleron*. — Notice biographique extraite des « Actualités Vinicoles », par L. MATHIEU, agrégé de l'Université, professeur de physique au lycée de Cherbourg. Cherbourg 1899, in-8°.

En 1881, Salleron prit le parti de se consacrer entièrement à l'œnologie ; trouvant l'ensemble de ses affaires trop lourdes pour lui seul, il céda à l'un de ses employés, M. Démichel, qui était chez lui depuis 1865, la partie relative à la construction des instruments scientifiques et spécialisa sa maison dans celle des instruments de précision œnologiques dont son petit alambic, son acétimètre et son ébulliomètre constituaient la base fondamentale.

Dès son entrée dans la vie industrielle, son esprit inventif avait été attiré, en effet, par certains problèmes relatifs aux liquides alcooliques et il avait réalisé dès 1853 et fait adopter par le Ministère des Finances son alambic dont la vogue a été telle qu'on l'utilise encore aujourd'hui et qu'on le nomme couramment le *Salleron*. Jusqu'alors, les agents des Contributions indirectes se servaient, pour établir les droits sur les spiritueux, de l'alambic de Gay-Lussac, très volumineux et nécessitant pour son emploi une grande quantité de vin. Celui de Salleron, petit et permettant de déterminer le titre alcoolique avec cinquante centimètres cubes de liquide eut donc un succès considérable. Il valut à son auteur à l'Exposition Universelle de 1855 une Médaille de Bronze.

L'ingénieux constructeur imagina ensuite sa burette à soupape, son vino-colorimètre, un gypsomètre portatif pour le dosage du plâtre dans les vins, un filtre à noir instantané, le filtre à succion pour décolorer les échantillons destinés au dosage du sucre et une pipette-filtre pour ce dosage.

Une fois libre de se consacrer à l'œnologie, science toute nouvelle alors, Salleron lui donna un développement qui ne devait plus cesser de s'accroître et devint le guide de tous ceux qui s'intéressent à la production, à la vente et à l'achat des vins.

Cette période de sa vie est remplie par de nombreuses recherches de laboratoire, d'abord sur les poids des gouttes des divers liquides, puis sur les points d'ébullition des spiritueux et des vins, d'où il déduisit les règles de construction d'un ébulliomètre. Sa précieuse notice sur les *Instruments de précision appliqués à l'œnologie*, parue

en 1887, renferme la plupart de ses recherches sur l'analyse des vins et la description de ses appareils. Mais l'ouvrage qui vint définitivement asseoir sa réputation, en fai-
sant connaître son nom à tous ceux qui, de près ou de
loin, s'intéressaient au vin de Champagne, fut son *Etude
sur les vins mousseux* (1886), suivie de deux *Mémoires*,
demeurés classiques, sur la résistance du verre et sur le
liège. Les travaux en question ont tous été réédités plusieurs fois. Ils ont valu à leur auteur, dans le monde vini-
cole et plus particulièrement en Champagne, une noto-
riété telle qu'on ne peut feuilleter un ouvrage sur la grande
industrie des caves champenoises sans y rencontrer à
chaque chapitre le nom de Salleron.

C'est en 1895, à la veille de sa mort, que notre compatriote donna une édition définitive de ses *Etudes sur le
vin mousseux* en collaboration avec un jeune agrégé de
l'Université, alors professeur de physique au Lycée de
Cherbourg, L. Mathieu (1).

Comme il l'écrivait dans sa Préface datée d'octobre
1894 : « La publication de la première édition de cet ou-
« vrage m'a valu, du commerce de la Champagne, de
« nombreuses approbations et de puissants encourage-
« ments. C'est avec une vive satisfaction et un orgueil
« bien légitime que j'ai accepté, à cette époque, les offres
« flatteuses qui m'ont été adressées de soumettre mes théo-
« ries à une expérience grandiose et définitive.

« Pendant trois années, j'ai pu suivre les tirages de plu-
« sieurs des plus importantes maisons de la Champagne,
« j'ai analysé toutes leurs cuvées, j'ai calculé tous les
« chiffres de leurs opérations et j'ai pu voir toutes mes
« prévisions se réaliser.

« Malheureusement, un si grand labeur ébranla ma

---

(1) Actuellement directeur de l'Institut Œnotechnique de France,
M. Mathieu est demeuré fidèle au souvenir du savant qu'il avait
appris à connaître dans sa jeunesse « chaque fois que j'en ai l'occa-
sion, écrivait-il à l'auteur en 1930, je ne manque pas de rappeler
le nom de Jules Salleron dans mes publications ». C'est à lui, comme
au plus digne, que son éminent collaborateur laissa en mourant sa
bibliothèque et son laboratoire de Melun.

« santé et je fus forcé, non seulement de suspendre mes
« travaux, mais d'ajourner la publication de leurs résul-
« tats.

« Après six années de repos nécessaire, j'ai eu la bonne
« fortune de rencontrer un de nos compatriotes, un jeune
« chimiste qui, en outre de ses succès universitaires, est
« déjà connu par ses travaux œnologiques. M. L. Mathieu
« a bien voulu mettre à ma disposition ses connaissances
« scientifiques, son remarquable talent d'expérimentateur
« et sa plume exercée ». C'est cette aide qui allait lui
permettre, au déclin de sa carrière, continue-t-il encore,
« de léguer à la Champagne, mon pays, la solution des
« derniers problèmes qu'il restait à résoudre pour que
« rien de ce qui touche à notre grande industrie ne restât
« ignoré ».

Pendant toute sa vie de constructeur, Salleron avait
conservé ses ateliers à Paris, dans le bel hôtel de la rue
Pavée construit par Diane de France sous Henri II, devenu
Hôtel d'Angoulême, puis acheté en 1658 par le président
de Lamoignon. C'est là qu'en 1721 était né Malesherbes.
Est-ce au privilège qu'il eut ainsi de vivre entre des murs
doublement consacrés par l'histoire et par l'art que Jules
Salleron dut de devenir un collectionneur éclairé ? Tou-
jours est-il que son repos préféré était la fréquentation
des œuvres littéraires et artistiques qu'il avait su rassem-
bler et dans lesquelles, causeur plein d'agrément et tou-
jours intéressant, il trouvait un nouvel aliment pour ses
entretiens avec ses amis.

Cette belle vie se termina en 1897 ; après plusieurs mois
de malladie courageusement supportés, le savant mourait
dans sa propriété de Melun le 28 juillet, laissant le souvenir d'un homme modeste et bon que le succès n'avait
pas grisé. Ceux qui l'ont connu parlent encore du charme
de son abord, de la sûreté de son commerce et de la géné-
rosité avec laquelle il savait rendre service à ceux qui
l'approchaient et les aider de ses conseils.

Marié en 1860 avec mademoiselle *Adèle Pilliard*, qui
mourut avant lui le 10 octobre 1893, JULES SALLERON ne
laissait qu'un fils, JULIEN, né en 1861, qui continua sa

famille. Celle-ci est devenue complètement étrangère à notre ville de Troyes, où il ne reste plus, depuis longtemps, aucun représentant du nom.

Julien Salleron n'ayant pas voulu entrer dans la maison créée par son père, car ses goûts étaient très différents des siens, celui-ci l'avait cédée dès 1889 à M. Jules Dujardin (1), son collaborateur depuis 1878, qui en conserva la direction jusqu'en 1920 où il eut pour successeurs ses deux fils, MM. Lucien et René Dujardin. C'est à lui que cette modeste notice doit la plus grande partie de sa valeur car, ayant bien et longuement connu Salleron, il a pu fournir à son auteur une documentation précieuse. C'est à sa bonne grâce également qu'est dû le prêt du cliché représentant les traits de notre éminent compatriote. Il aura donc permis aux Troyens qui s'intéressent aux illustrations de leur Cité de mieux connaître un personnage bien injustement oublié jusqu'ici chez eux et dont l'activité scientifique méritait de leur être rappelée.

------

(1) M. Dujardin a lui-même publié de nombreux et intéressants ouvrages sur l'œnologie et il a donné en 1923 une cinquième édition revue et très augmentée de la *Notice sur les instruments de précision appliqués à l'œnologie* sous les noms de SALLERON et DUJARDIN. Ce volume d'un millier de pages embrasse tout ce qui concerne l'étude et l'analyse des spiritueux considérées du double point de vue du chimiste et du dégustateur, il est, de plus, fort curieux à parcourir pour les amateurs du passé, car M. Dujardin a emprunté à sa riche collection d'ouvrages anciens, nombre de planches et gravures qui viennent en rehausser l'intérêt. Cf. HENRY SAGNIER, Secrétaire perpétuel de l'Académie d'Agriculture, IN *Journal d'Agriculture pratique*, numéro du 31 mars 1923.

NOTE SUR LA FAMILLE SALLERON

Le nom de Salleron est celui d'un hameau situé dans le département de l'Indre, sur le cours d'une rivière également dénommée *le Salleron*. C'est là sans doute que l'ont pris les Salleron que l'on rencontre au cours des siècles, aussi bien MERY SALLERON, cité dans une Monstre de francs archers du pays de Poitou en 1474, que CLAUDE DE SALLERON, paraissant dans une Monstre de 1520, que FRANÇOIS DE SALLERON, avocat au Parlement de Paris en 1542, auteur d'un *Formulaire* des avocats au Parlement, ou que JACQUES SALLERON seigneur DE LA PRUGNE, dont les Archives de la Haute-Vienne conservent des comptes de 1756.

On peut penser aussi que c'est de ce coin de terre que tirent leur origine les SALLERON champenois, sans doute issus de quelque émigrant berrichon, qui en aura conservé le nom.

Ils apparaissent à Loisy-sur-Marne, à six kilomètres de Vitry-le-François, à la fin du XVI⁰ siècle et ont, depuis lors, donné naissance à une quantité considérable de branches dont l'origine commune n'est pas douteuse, mais dont la jonction exacte est difficile à déterminer.

On rencontre en effet, dans les premiers registres de catholicité de Loisy, plusieurs ménages dont les relations de parenté sont mal définies, encore qu'évidentes, et il faut se baser sur des indices fragiles, parrainages, similitudes de prénoms, concordances des âges, signatures, etc... pour établir les deux premiers degrés de la généalogie.

Ce travail conduit à donner pour auteurs à la famille NICOLAS SALLERON et *Jeanne Cuchard,* dont trois des fils ont donné naissance aux trois principales branches :

I. — CÉSAR SALLERON (1631-1679) marié à *Louise Regnaud* ;
II. — JEAN SALLERON (1632-   ) marié à *Nicole Lemoyne* ;
III. — CLAUDE SALLERON (1633-1692) marié à *Marie Brisson.*

La première branche s'est fixée à Maisons, puis à Amiens, où elle s'est éteinte à la fin du XIX⁰ siècle ; la seconde est demeurée à Loisy, a gagné les villages environnants et a poussé ses plus importants rameaux à Bar-le-Duc, Troyes et Paris. La troisième enfin à provigné à Soissons et à Paris.

Au début du XVII° siècle les Salleron étaient de riches propriétaires fonciers, exerçant les fonctions de procureur fiscal, lieutenant en la justice de leur village ; au siècle suivant, ceux qui sont demeurés sur place sont seigneurs en partie de Loisy (¹) et siègent à l'Assemblée des Notables. Quant aux citadins ils ont fait une brillante fortune dans l'industrie.

**

Laissant de côté la première branche, puisqu'elle est éteinte, suivons rapidement les deux dernières. Celle que forma JEAN SALLERON se divisa à la troisième génération en trois rameaux, issus des trois fils de PIERRE SALLERON et *Marguerite Salleron* : JEAN, JUVIN et CLAUDE.

JEAN n'eut qu'un fils, mais celui-ci, marié en 1752 à *Catherine Jonet* eut lui-même treize enfants, dont trois fils : PIERRE, ROMAIN et ANTOINE, qui, chacun, firent souche. La descendance de l'aîné est demeurée à Loisy où son nom s'éteindra avec Mlle JEANNE SALLERON, née en 1864 ; fixée à Paris, la descendance mâle du second s'est terminée avec M. EMILE SALLERON, mort en 1916 ne laissant que trois filles ; celle du dernier, enfin, s'est établie à Châlons-sur-Marne, Pontavert puis Bar-le-Duc. Elle est continuée par MM. HENRI SALLERON, célibataire et GEORGES SALLERON qui a épousé Mlle *Ruellan*.

De JUVIN SALLERON sont venus également deux rameaux, l'un est celui qu'a illustré le savant physicien objet de cette étude, l'autre n'a pas quitté Loisy, tous deux ont des représentants mâles.

CLAUDE SALLERON, enfin, a formé un rameau, établi à Sarry, dont le dernier rejeton a été M. ERNEST SALLERON (1843-1915), qui de son mariage avec Mlle *Delaunay de Vauclerc*, n'a laissé qu'une fille.

**

La troisième branche s'est, elle aussi, divisée en deux grands rameaux, le premier s'établit à Soissons au XVIII° siècle et s'y

---

(1) La seigneurie de Loisy appartenait à la duchesse de Montmorency-Boutteville, mais il y avait sur la paroisse deux fiefs, le fief Fayet et le fief Morin dont les Salleron avaient une part. Cf. *L'Election de Vitry-le-François*, manuscrit de M. DE VAVERAY publiée en 1878 par la Société des Sciences de Vitry-le-François.

termina en la personne de CHARLES-EMILE SALLERON, Président du Tribunal de Soissons et de CLAUDE-HENRI SALLERON, maire de cette ville pendant trente ans et notamment en 1870. Le second, marié à Mlle *Deviolaine* puis à Mlle *de Coucy*, nièce de la maréchale Oudinot, n'eut qu'une fille, madame Lambert, dont la fille aînée épousa un Salleron issu du rameau parisien de la même branche.

Ce dernier rameau s'implanta d'abord à Drouilly, puis à Paris, à la fin du XVIIIe siècle. Là, il se divisa, avec deux frères, JOSEPH et CLAUDE, dont pendant la Restauration l'un fut Maire du XIIe arrondissement et l'autre Député du VIIe. La descendance du premier a été continuée par M. RENÉ SALLERON, architecte à Paris, qui a réuni tous les éléments de la généalogie de sa famille en dépouillant personnellement les registres de catholicité de Loisy et des villages d'alentour ; il est père de plusieurs fils dont l'un a lui-même épousé en 1929 Mlle *Babled*. Les descendants de Claude ont longtemps habité Sens, concurremment avec Paris où ils sont d'ailleurs encore représentés par M. JEAN SALLERON, sans enfants de son mariage avec Mlle *Le Cointre*. Leur branche est maintenant établie en Normandie, aux environs de Rouen, à la suite du mariage, en 1919, de M. HENRI SALLERON avec Mlle *Gabrielle de Sévelinges*, dont sont issus plusieurs fils.

Les armoiries de la famille Salleron sont de *gueules au lévrier contourné d'argent, colleté du premier, passant sur une terrasse du même, au chef d'argent à trois molettes de gueules* ; plusieurs cachets du XVIIIe siècle à ces armes sont conservés dans les diverses branches.

IMP. J.-L. PATON, TROYES

IMPRIMERIE
J.-L. PATON
= TROYES =